"Si crees que funcionará, verás oportunidades.

Si crees que no lo hará, verás obstáculos"

Wayne Dyer

XRP

GUÍA RÁPIDA PARA INVERTIR CON ÉXITO

HEIKIN ICHIMOKU BLOCKCHAIN

Copyright © 2021 – HEIKIN ICHIMOKU BLOCKCHAIN

(Noviembre 2021)

All rights reserved.

ÍNDICE:

1. Prefacio_____3

2. Algunas advertencias y recomendaciones sobre esta guía y las inversiones_____13

3. ¿Que son las criptomonedas?_____19

4. Operando con éxito en XRP_____27

5. ¿Sabías que podemos invertir y obtener beneficios tanto cuando XRP sube como cuando baja?_____41

6. Las estrategias_____47

7. Agradecimientos_____83

1. PREFACIO

Durante muchos años, se están impartiendo numerosos cursos para invertir en XRP cuyo precio es muy elevado, estando reservados y accesibles sólo para aquellos inversores que pueden permitirse pagar esas importantes sumas de dinero.

Por ello, y con objeto de que el conocimiento y contenido más importante de esos cursos tenga una mayor difusión y pueda ser accesible a cualquier persona que pudiera estar interesada en invertir en XRP, se ha elaborado esta guía rápida.

Cabe indicar que, la información y el contenido incluido en esta guía rápida está valorado en más de 1.000 euros, y ya no hará falta que todos los que deseamos aprender a invertir en XRP tengamos que seguir gastando importantes sumas de dinero en cursos de formación.

En el interior de esta guía, tendremos disponible toda la información de los cursos más exitosos, donde están recogidas las mejores y las más efectivas "estrategias" que debemos conocer para invertir en XRP.

Estas estrategias van a ser explicadas con todo detalle en esta guía rápida de trading.

Además, se van a exponer las pautas más importantes para aprender cómo y cuándo sería el momento más idóneo para invertir, o especular y, así, lograr alcanzar importantes beneficios, es decir, realizando operaciones de inversión para largo plazo o especulando en operaciones a corto plazo como pueden ser operaciones de intradía, scalping o swing trading.

De igual forma, aprenderemos a operar con XRP tanto en aquellos momentos en los que su precio sube, así como cuando baja.

Toda la información anterior se presenta en la publicación de este nuevo libro "XRP. GUÍA RÁPIDA

PARA INVERTIR CON ÉXITO".

El objetivo de esta guía es intentar conseguir potenciar las rentabilidades de las nuevas posibles operaciones que podemos realizar en XRP, conociendo el momento exacto en el que deberíamos ejecutar una operación de compra/venta.

Estos contenidos se van a detallar en los próximos capítulos que componen esta guía.

Espero que las ideas aquí expuestas te ayuden tanto como me han ayudado a mí y a miles de personas.

En realidad, espero que esta guía rápida te cambie la vida para siempre.

Independientemente de cuantas técnicas de inversión dominemos, siempre encontraremos nuevas técnicas para utilizar en nuestras operaciones de inversión. Olvidemos que, todo ese nuevo conocimiento, no necesariamente implicará mayores beneficios.

Llevo más de 22 años investigando y siguiendo la evolución de los mercados, e igualmente he leído centenares de libros acerca de nuevos métodos y estrategias de inversión. Cada vez que doy con una nueva idea, la pongo en práctica en la vida real y, si funciona, la incorporo a mis estrategias y seminarios.

Estas ideas y estrategias que vamos a desarrollar nos pueden resultar familiares en función de nuestra evolución y experiencia con las inversiones en XRP, pero esta guía nos hará tomar más conciencia sobre ellas.

Aprender estos métodos y técnicas, que se exponen en esta guía rápida de trading, y aplicarlos una y otra vez hasta que se conviertan en hábitos, consiguen alterar de modo muy positivo los resultados en nuestras inversiones.

Esta guía está escrita para mostrarte cómo avanzar más rápidamente en tu carrera hacia el mundo de las inversiones.

Estas páginas contienen los principios y estrategias más poderosas que he descubierto, y que nos van a ofrecer una enorme eficacia en todas nuestras inversiones.

Estos métodos, técnicas y estrategias son prácticos, están probados y funcionan con gran acierto.

Por cuestiones de tiempo, no me ocupo de las diversas explicaciones técnicas profundas y no recurro a largas definiciones teóricas.

Por ello, aprenderemos acciones específicas que se pueden aplicar desde el primer momento para obtener los mejores resultados en nuestras futuras inversiones.

Todas las ideas de este libro, están enfocadas a que aumenten nuestros beneficios, rendimientos y resultados de forma eficaz.

Cada uno de los análisis realizados son aptos para tener conocimientos suficientes y, por ello, todos son necesarios.

Estas ideas, en conjunto, constituyen un menú completo de técnicas de eficacia inversora que podemos utilizar en cualquier momento.

Efectivamente, se va a ir exponiendo, de manera sencilla y práctica, cómo es viable implementar el uso de las estrategias, en diferentes escenarios, con diferentes ejemplos prácticos.

Nos involucraremos en aprender cómo podemos obtener beneficios en nuestras inversiones, tanto en los momentos en los que el precio de XRP sube al igual que, en las situaciones que se nos presentan, cuando el precio de XRP baja, a través de la utilización de unas estrategias muy completas y de gran efectividad que nos proporcionará un fantástico sistema de inversión.

Por consiguiente, además de ser una guía didáctica basada en ejemplos totalmente reales, va a recoger siempre una parte dinámica que se presta a ser muy interesante, donde, por un lado, se plasmará cómo funciona un eficaz sistema de inversión basado en los detalles que veremos más adelante y aplicado directamente a ejemplos prácticos con XRP en diferentes escenarios y, por otro lado, el lector tendrá la oportunidad de ir tomando notas de la situación y momento en el que podría realizar sus inversiones de una forma racional, pudiendo complementarlo y compararlo con aquellos eventos, noticias o sucesos que considere de mayor interés y, consecuentemente, sean factibles de marcar el ritmo de la volatilidad de XRP.

Al comienzo, nos puede resultar algo difícil de localizar, concretar y focalizar nuestras inversiones, y lo podríamos comparar, con aquel momento de nuestra vida en el que deseábamos viajar y conocer ciudades nuevas.

Seguramente, el primer día que nos dispusimos a viajar y conocer una ciudad nueva, nos resultaba algo confuso y complicado el poder localizar un restaurante, un centro comercial, un hotel concreto, etc. Por ello, lo más recomendable sería que previamente hubiésemos adquirido un mapa de la ciudad, con los que nos facilitaría muchísimo el poder desplazarnos a través de esta.

Aún teniendo disponible un mapa en nuestras manos, resultaría algo complejo localizar algunos lugares y nos tomaría su debido tiempo el llegar al destino elegido.

Entre algunas de las opciones elegidas, tendríamos la posibilidad de desplazarnos a pie y seguir las indicaciones del mapa, pero también tendríamos una opción más rápida como sería la utilización de montarnos en un taxi y que nos lleve directamente al lugar elegido.

La primera opción, ir a pie y seguir las indicaciones del mapa, nos supondría dedicar tiempo y comprensión a la lectura del mapa y, la segunda opción, nos supondría inmediatez en conseguir llegar al destino aunque el uso del taxi nos supondría un coste superior a la primera opción.

¿Qué pasará cuando vivamos cierto tiempo en la nueva ciudad?

Seguramente, tendremos la facilidad de movernos rápidamente a cualquier lugar dentro de la ciudad y conoceremos los momentos exactos donde hay más probabilidad de que hayan atascos y nos dificulte llegar puntualmente a un lugar. Nos habremos adaptado al nuevo entorno y conoceremos muchos más detalles sobre esta ciudad y por consiguiente, ya no será necesario el uso del mapa.

Así mismo, tendremos la opción de ir a pie, en taxi u otro medio de transporte público. Seremos libres de elegir la opción más adecuada a nuestra situación.

Algo similar sucede al invertir por primera vez en XRP. Pero tranquilo, para ello, a lo largo de la lectura de esta guía, tendremos la oportunidad de descubrir y desmenuzar el indicador más exitoso, así como su funcionamiento aplicado directamente sobre XRP y, con un poco de práctica sobre situaciones reales y el transcurso del tiempo, observaremos cómo se automatizan todos estos conceptos adquiridos de forma mecanizada en nuestro subconsciente, siendo capaces de emplear todos nuestros conocimientos con mucha más soltura.

¿Verdad que ahora, cuando estamos viviendo en esa nueva ciudad, no necesitamos mirar constantemente el mapa para localizar un restaurante, un centro comercial o un hotel?

Cabe indicar que, de forma similar, la inversión a en XRP no difiere mucho del aprendizaje necesario para conocer una ciudad.

Añadiremos que, una vez que adquiramos plena confianza, dominio y destreza en la utilización y aplicación de las estrategias descritas en esta guía rápida, desearemos poner a prueba la facilidad con la que se podría alcanzar una elevada y alta rentabilidad, a través de la inversión directa en XRP.

Para concluir esta guía y debido, principalmente, a

que se trata del contenido clave y fundamental, es conveniente leer con detenimiento el capítulo titulado *"La estrategia",* que nos posibilitará concretar los conocimientos para mejorar los rendimientos obtenidos en nuestras operativas de trading.

Para ello, serán explicadas diferentes estrategias desde una perspectiva teórica y serán desarrolladas y aplicadas de forma totalmente práctica, donde se manifieste el efecto producido directamente en XRP y simulando diferentes escenarios de entrada y salida. Nuestro objetivo prioritario será, a través de una dinámica eficiente, lograr alcanzar maximizar los beneficios en aquellas posibles operaciones de inversión que se nos podrían plantear realizar en el futuro.

Te sorprenderás de la simpleza y efectividad de las estrategias utilizadas para realizar las inversiones en la presente guía pero, una vez leído todo el contenido, te animo a que lo **PONGAS A PRUEBA TU MISMO** y verifiques que, con la metodología expuesta, conseguirías obtener unos sorprendentes beneficios si hubieras aplicado cada uno de los parámetros expuestos en el estudio particular del XRP. A partir de ahí, podrás valorar de primera mano que, desde la primera estrategia analizada hasta la última, los beneficios que se pueden llegar a conseguir son muy superiores a los que otros productos de inversión te pueden estar ofreciendo actualmente.

2. ALGUNAS ADVERTENCIAS Y RECOMENDACIONES SOBRE ESTA GUÍA Y LAS INVERSIONES

Aunque la metodología expuesta en esta guía es muy sencilla de utilizar, no obstante, hay que considerar algunas advertencias y recomendaciones que todo inversor debe tener siempre presentes.

La sistemática que se presenta en esta guía, es sólo

una herramienta de ayuda para invertir en XRP, pero no lo confundamos con el "Santo Grial".

Por consiguiente, os indico de antemano, que la metodología, tal como se expone y se demuestra en esta guía, ha funcionado durante muchos años, pero además de poder ser una herramienta para invertir, también es una herramienta que nos servirá de grandísima ayuda para conocer el momento idóneo para realizar nuestra inversión.

Es importante saber que la inversión en XRP está considerada de RIESGO EXTREMO, por tanto hay que ser conscientes de que se puede perder mucho dinero.

Por ello, no debemos olvidar y tener presente que siempre corresponde hacer un estudio previo de cada oportunidad de inversión para cada caso concreto, bien a través de nuestros conocimientos o experiencia, si estamos seguros que nosotros mismos somos capaces de realizar dicho estudio, o a través de la consulta con "varios" y "diferentes" expertos o profesionales.

Antes de realizar cualquier inversión con tu dinero (o dinero de otra persona), asegúrate que tienes completo conocimiento sobre el tipo de producto dónde vas a invertir y que, además, comprendes perfectamente el riesgo que asumes.

Si este es tu primer contacto con XRP, te recomiendo que sigas aprendiendo un poquito más, así como que hagas simulaciones SIN dinero real.

Muchos brokers ofrecen cuentas "demo", con las que puedes poner en práctica tus conocimientos sin arriesgar dinero real.

Además, como todos debemos conocer sobre este "mundo", los resultados pasados, no garantizan resultados futuros.

Sobre todo, te recomiendo, que nunca pidas créditos o préstamos para invertir en XRP, así como que nunca inviertas dinero que puedas necesitar de inmediato.

De hecho, antes de invertir en XRP o cualquier otro tipo de producto, *pregúntate ¿cuánto dinero estas dispuesto a perder?*. De este modo, no te llevarás sorpresas desagradables.

Recuerda que el único responsable de tus inversiones vas a ser sólo TÚ.

Esta guía contiene las opiniones del autor, e incluye ideas, estudios y estrategias que pueden no ser apropiados para cada lector o inversor.

El autor y el editor se han esforzado para que la información ofrecida sea lo más precisa y completa posible para la creación de esta guía, a pesar del hecho de que no se garantiza que en cualquier momento los contenidos expuestos puedan cambiar.

Aunque se han hecho todos los intentos de verificar la información proporcionada en esta publicación, el autor y el editor no asumen ninguna responsabilidad por los errores o la interpretación contraria de los contenidos en la presente guía.

Así mismo, el autor y el editor, están presentando esta información como una guía didáctica y, no proporcionan ni confieren al comprador o lector cualquier garantía, expresa o implícita, para los productos o servicios que se enumeran para su referencia y, no serán responsables por el uso de cualquier producto o servicio incluido en esta guía.

Se recomienda, a todos los lectores, que realicen todas las debidas actuaciones y comprobaciones que correspondan antes de la compra de cualquier producto o servicio mencionado en esta guía.

En los asesoramientos y libros prácticos, como en cualquier otra cosa en la vida, no hay garantías sobre los resultados.

El autor y el editor no respaldan específicamente ni garantiza los productos y servicios mencionados en esta guía, y sólo se están ofreciendo como referencias para que tengas una base y puedas seguir investigando más a fondo.

Este libro es una guía general y no está destinada a su uso como fuente de asesoramiento legal, comercial, contable, profesional o asesoramiento financiero.

MUY IMPORTANTE: Puede que en algunos casos, para operar en XRP tu bróker o banco te ofrezca operar con "contratos por diferencias" (denominados CFD) y hay que advertir que estos productos son instrumentos complejos y están asociados a un riesgo elevado de perder dinero rápidamente debido al apalancamiento. Piensa que **sobre el 85% de las cuentas de inversores minoristas, es decir, el 85% de inversores, pierden dinero en la comercialización con CFD** con los brókeres o bancos. Debes considerar si comprendes el funcionamiento de los CFD y si puedes permitirte asumir un riesgo elevado de perder tu dinero. **Resumen: Puedes sufrir pérdidas rápidamente**.

3. ¿QUÉ SON LAS CRIPTOMONEDAS?

En este capítulo, conoceremos cómo se debe interpretar parte de la información que podemos encontrarnos a diario en cualquiera de los periódicos económicos digitales o en diferentes páginas de internet relacionadas con las criptomonedas.

Primeramente debemos tener un concepto claro sobre lo que es una criptomoneda (o "cripto"), definiéndola como una moneda digital o virtual que se puede utilizar para comprar bienes y servicios.

Por lo tanto, las criptomonedas son una forma de pago que se pueden intercambiar, a través de internet, por bienes y servicios.

Hay que destacar que muchas empresas han emitido sus propias monedas, a menudo llamadas tokens, y estas pueden intercambiarse específicamente por el bien o servicio que ofrece la empresa.

Las criptomonedas funcionan utilizando una tecnología llamada blockchain o cadena de bloques.

De una forma rápida, se define el blockchain como una tecnología descentralizada y distribuida en muchos ordenadores que administran y registran las transacciones realizadas.

De este modo, se constituye un alto grado de seguridad, siendo uno de los mayores atractivos de esta tecnología.

A fecha actual, existen más de 9.000 criptomonedas diferentes que se negocian públicamente y, cada día, siguen en aumento, apareciendo nuevas criptomonedas debido al gran interés que están despertando entre la población mundial.

El principal atractivo de las criptomonedas se podría resumir en:

- Los inversores ven las criptomonedas como las monedas del futuro y están compitiendo para comprarlas ahora, presumiblemente antes de que tenga más valor.

- Las criptomonedas están disponibles las 24 horas del día, los 7 días de la semana y, por lo tanto, podemos operar con las criptomonedas en cualquier momento de la semana. A diferencia de las acciones, las materias primas y otros productos financieros, el mercado de criptomonedas no se negocia en una bolsa de valores regulada y, en consecuencia, pueden ser operadas durante todas las horas del día.

- A algunos inversores les gusta el hecho de que las criptomonedas impiden que los bancos centrales administren la oferta monetaria, imposibilitando que puedan ser manipuladas por los gobiernos.

- Existe un alto grado de interés por la tecnología que hay detrás de las criptomonedas, el blockchain, porque es un sistema de procesamiento y registro descentralizado y puede ser más seguro que los sistemas de pago tradicionales, debido a la protección criptográfica que hace casi imposible su falsificación.

Para aquellas personas que ven las criptomonedas como la moneda del futuro, debe tenerse en cuenta que una moneda necesita estabilidad para que los compradores y vendedores puedan determinar cuál es un precio justo para la compra de bienes.

XRP y otras criptomonedas han sido menos estables a lo largo de gran parte de su historia. Por ejemplo, mientras que BITCOIN cotizaba cerca de 20.000 dólares en diciembre de 2017, su precio cayó a un mínimo de 3.200 dólares un año después. En el último trimestre de 2021, volvió a cotizar a niveles récord superando los 65.000 dólares.

La cuestión que supongo que nos planteamos es cómo podemos adquirir criptomonedas. Pues bien, existen diversas formas para comprar criptomonedas.

Por un lado, algunas criptomonedas, incluida XRP, están disponibles para su compra con euros o dólares, en cambio, otras requieren que paguemos con XRP u otra criptomoneda.

Hay que indicar que para comprar criptomonedas directamente, necesitamos tener una "wallet" o "billetera", que consiste en una aplicación on-line donde puedes guardar y depositar el dinero.

Este es un proceso muy sencillo y, en primer lugar, sólo tenemos que crear una cuenta en esta "billetera", donde posteriormente podremos transferir dinero real (también denominado dinero FIAT) para comprar y vender criptomonedas.

Por otro lado, existe un número creciente de bancos y brókeres on-line que nos pueden ofrecer operar con criptomonedas.

Sobre el tema legal de las criptomonedas, hay que considerar que, de momento, son legales en muchos países, aunque depende de cada país en particular la legislación aplicable al respecto.

También debemos resaltar y valorar cómo protegerse de los estafadores que ven las criptomonedas como una oportunidad para engañar a los inversores. Recuerda que 'NADIE puede *"garantizarte"* que ganarás dinero'.

Cualquiera que nos prometa un rendimiento o beneficio garantizado, tiene toda la probabilidad de que se trate de una estafa.

Igualmente, si no conocemos el funcionamiento de las criptomonedas con plena seguridad, debemos evitar invertir en ellas sólo por el hecho de que nos bombardeen con publicidad constante que tenga el respaldo de personas famosas o aparezca en muchos diarios económicos, programas de televisión, radio, internet, etc. Recuerda que, todo esto, no significa que sea buena o segura la inversión.

Cabe mencionar que, una particularidad sobre los intercambios de criptomonedas, es el alto grado de volatilidad y disparidad que el precio puede alcanzar en cada intercambio. Por ejemplo, se han dado ocasiones en las que alguna criptomoneda ha tenido una diferencia de precios de hasta 500 dólares entre los mercados. Las razones de esta disparidad de precios están relacionadas con las diferencias de liquidez entre los distintos mercados y, a menudo, con la ubicación geográfica de los mismos. La disparidad de precios se hace más notoria justo después de grandes movimientos en el precio de las criptomonedas.

Como se indicó anteriormente, los inversores tenemos dos opciones al operar en el mercado de las criptomonedas.

En primer lugar, podemos comprar criptomonedas en el mercado. De esta manera, somos poseedores de la criptomoneda y, generalmente, esperaremos a que su precio aumente para vender y obtener ganancias.

Como alternativa, a través de un banco o bróker, podemos negociar un contrato por diferencias (CFD) en las criptomonedas y especular sobre la diferencia de precio.

Un CFD es un contrato por diferencias entre un inversor y un bróker, que se utiliza para intentar obtener ganancias con la diferencia de precio entre la apertura y el cierre de la operación. El CFD nos permite mantener una posición larga (esperando que vaya a subir el precio) o una posición corta (esperando que vaya a bajar el precio).

Existen diferencias fundamentales entre comprar las criptomonedas y operar con CFD en el mercado de las criptomonedas.

Al comprar una criptomoneda, ésta se almacena en una billetera, pero cuando se negocian CFD, la posición se mantiene en su cuenta de trading, que suele estar regulada por una autoridad financiera.

De este modo, cuando operamos con CFD tenemos más flexibilidad porque no estamos atados directamente al activo (criptomoneda); simplemente hemos comprado o vendido el contrato subyacente.

Si estás interesado en ampliar la información y conocimientos sobre el funcionamiento de los CFD, así como su operatividad con casos prácticos reales, puedes obtener toda la información completa en el capítulo 12 ¿Sabías que...? del libro "Top Secret: FTSE MIB (Operando con medias móviles)"

Como hemos comentado anteriormente, uno de los grandes atractivos de las criptomonedas, a diferencia de las acciones y otros activos financieros, es que nos posibilitan operar con ellas las 24 horas del día.

4. OPERANDO CON ÉXITO EN XRP

Todos los inversores sabemos que, cuando nos adentramos y decidimos invertir en XRP, es con el objetivo de alcanzar un beneficio para nuestro futuro.

Para ello, además de establecer un objetivo claramente identificable, medible y alcanzable, es importante que podamos definir un plan de actuación sobre nuestras futuras inversiones y, por consiguiente, deberíamos llevar a cabo diferentes fases previas a la inversión que deseamos realizar. A priori, estas fases, se podrían establecer de la forma que se expondrán a continuación:

- *Fase de recogida de datos e información*: es la primera fase de nuestro plan, caracterizándose por ser una de las más importantes. A partir de esta fase, se van a desencadenar todas nuestras alternativas y posibles futuras operativas de inversión.

Debemos hacer constar que de forma general, para cualquier inversión, previamente deberíamos haber prefijado nuestro perfil como inversor más acorde al riesgo y beneficios que esperamos obtener, así como haber establecido qué productos, sectores, ámbitos geográficos, etc. se adaptan mejor a nuestro perfil escogido.

En el caso concreto de esta guía, al operar con XRP, se entiende que estamos asumiendo un perfil agresivo.

Conociendo estos datos previos, daremos paso a la búsqueda de la información relevante de nuestras futuras inversiones.

Además, debemos tener presente que toda la información que podamos recabar, ya sea a nivel internacional o nacional, puede ser relevante para nuestra inversión en XRP. Esto es debido a que puede desencadenar o establecerse cierto grado de correlación entre la información recabada y XRP.

Por ejemplo, cuando las noticias internacionales nos informan de que se avecina una gran crisis económica, por lo general, el precio de XRP podría tender a subir, debido a que muchos inversores pueden considerar XRP como un valor refugio, al igual que en el pasado ocurría con el oro.

Igualmente, una noticia a nivel nacional, en algún país concreto, relacionada con la prohibición o con una regulación más estricta de las criptomonedas, podría afectar negativamente al valor, por el alto grado de incertidumbre de los inversores del país concretamente afectado. En cambio si esa misma noticia fuese adoptada a nivel internacional o por muchos países, seguramente el impacto sería mucho más relevante, pudiendo provocar una situación de pánico y ventas aceleradas por muchos inversores, y por consiguiente, el precio de XRP tendería a bajar.

La recogida de datos se podrá adquirir a través de las noticias económicas que diariamente se nos presentan en radio, prensa o internet.

Por ejemplo, una noticia publicada en el mes de marzo de 2021 por Jerome Powell, presidente de la Reserva Federal de Estados Unidos (FED), en la que indicaba que las criptomonedas son "activos especulativos" indicando que son muy volátiles y por lo tanto no son útiles realmente como valor reserva, y que las criptomonedas no están respaldadas por nada y son un activo para especular y no un medio de pago. Esta noticia produjo que el precio de las criptomonedas descendiese.

No obstante, días después de la noticia del presidente de la FED, a finales de marzo de 2021 se publicó otra noticia donde se anunciaba que las principales plataformas de pago a nivel internacional, como pueden ser Visa y Paypal, aceptaban el uso de las criptomonedas a pesar de que no exista un marco regulatorio claro. Esta noticia produjo que el precio de las criptomonedas aumentase.

Por todo ello, hoy en día, tenemos la facilidad de poder obtener información inmediata directamente sobre las criptomonedas en las que tengamos interés operar. Por ejemplo, si queremos comprar las criptomonedas más populares, deberíamos, entre otros datos, recopilar información de la situación global tanto política y económica; sobre la regulación en grandes países como China, Estados Unidos, Rusia, etc; la actitud de los Bancos Centrales a nivel mundial; las medidas regulatorias relacionadas con el blanqueo de capitales que se podrían establecer y que les pudieran afectar directamente a XRP, etc.

Por lo general, hay noticias que se repiten a lo largo de los años o en diferentes ciclos, de modo, que es aconsejable observar como esas noticias afectaron en su día a XRP, y en qué grado de intensidad. Por ejemplo, durante cada año, los países presentan resultados de producción, desempleo, balanza comercial, etc, y sería interesante, observar y anotar como le repercuten estas noticias en el precio de cotización de XRP, tanto cuando las noticias son positivas como cuando las noticias son negativas.

También, como hemos visto en los ejemplos anteriores, hay que considerar la influencia que tienen los medios de comunicación puesto que, según informen en sentido positivo o negativo, tienen mucho poder para animar o desanimar a los inversores en criptomonedas.

De igual forma, los cambios regulatorios de los distintos países son un factor muy influyente en los movimientos de precios de XRP.

Anteriormente a la aparición de las criptomonedas, los países, no contaban con leyes o regulaciones sobre este producto. Debido al gran auge y la tremenda importancia que está generando la demanda de las criptomonedas, se está intentando regular y crear una nueva legislación al respecto.

Como debemos comprender, la recogida de datos, a pesar de ser una tarea algo compleja y que requiere tiempo, resulta muy apropiada para conocer la situación en la que se encuentran las criptomonedas en la que realmente estamos interesados en invertir u operar.

Con esta fase de recogida de datos, evitaríamos posibles sorpresas o pérdidas en nuestras futuras inversiones. Por ejemplo, pudiéramos encontrarnos una situación en la que vayamos a comprar criptomonedas que pierdan parte o todo su valor porque hayan sufrido el hackeo de su sistema cripto, o porque hayan puesto de manifiesto algún problema de seguridad, etc.

- *Fase de análisis de oportunidades*: una vez recogidos los datos, estos deben ser tratados con cautela en referencia a la criptomoneda que directamente pueda ser afectada, así como deben ser tabulados y ordenados estos datos según nuestros intereses de inversión.

Por consiguiente, con el fin de no amontonar información innecesaria, deberíamos desechar toda información que pudiera ser no relevante para nuestro perfil agresivo de inversión que hemos seleccionado inicialmente.

- *Fase de la definición de las estrategias posibles y objetivos*: habiendo separado el grano de la paja en la fase anterior, en esta fase, y en base a la información relevante que ya disponemos en nuestro poder, debemos definir las diferentes estrategias para conseguir los objetivos marcados en nuestra inversión, es decir, por ejemplo, debido a que tenemos un perfil agresivo como inversores, nuestro objetivo sería intentar alcanzar una rentabilidad anual de al menos dos dígitos. Puesto que nuestras inversiones van a estar localizadas en operaciones con criptomonedas, podríamos plantearnos alcanzar un *40%*[1] anual.

Posiblemente, una de las estrategias que podríamos implementar es identificar y localizar aquellas criptomonedas que, por su estructura y en comparación con el resto de otras criptomonedas, puedan ofrecernos una rentabilidad del 40% o superior. Esto se lograría, a través del estudio de la volatilidad que tiene cada criptomoneda y de los rendimientos alcanzados en el pasado; otra estrategia podría consistir en identificar aquellas criptomonedas de reciente creación con objeto de diversificar las inversiones e intentar alcanzar el objetivo marcado; una estrategia más, podría ser mediante la utilización de indicadores técnicos como sería el empleo de la *media móvil*[2] ajustada directamente sobre la criptomoneda concreta en la que queremos desarrollar nuestra inversión.

Nota: [1]Resaltar que la elaboración de este libro es del año 2021, donde los tipos de interés actuales en un depósito tradicional en España son de media del 0,05% anual, por lo que, un 40% es una rentabilidad bastante apreciable para un inversor con perfil agresivo.

[2]*Media móvil*: indicador técnico utilizado para realizar operaciones en Bolsa y con criptomonedas.

Por lo tanto, considerando las diversas alternativas que se nos puedan presentar, y que se encuentran englobadas dentro de las diferentes estrategias que podríamos implementar, tendremos la posibilidad de alcanzar los objetivos previamente definidos.
De hecho, en nuestro caso concreto, se anticipa que las estrategias que implementaremos en esta guía rápida, está desarrollada a partir del uso de uno de los indicadores más eficaces para operar con XRP.

- *Fase de toma de decisiones*: una vez que tenemos identificadas las alternativas entre las diferentes estrategias que nos posibilitarían alcanzar nuestros objetivos, en esta fase, deberemos centrarnos en tomar la decisión y elección de la estrategia que es más acertada y adecuada a nuestro perfil agresivo y considerando nuestras capacidades y conocimientos como inversor, con objeto de poder implementarla en nuestras futuras operaciones.

En esta guía, las estrategias que desarrollaremos están basadas en el análisis técnico, donde mediante el uso del espectacular indicador en el que nos centraremos detenidamente más adelante, y utilizando esta herramienta de una manera adecuada, podremos dirigir nuestras futuras inversiones de una forma simple y con un alto grado de efectividad en función de nuestra formación y experiencia.

- *Fase de control*: en esta fase podríamos verificar si nuestra estrategia, elegida en la fase anterior, es adecuada y afín a nuestro perfil agresivo y a nuestro objetivo marcado.

De hecho, gracias a que vamos a utilizar las medias móviles, sería posible hacer un backtest (o una prueba en el pasado) sobre la efectividad de la estrategia trazada.

Una de las ventajas que nos ofrece el indicador técnico que vamos a utilizar en nuestras estrategias es que, como veremos en los ejemplos prácticos posteriores, recopila los datos pasados. Por tanto, podríamos analizar cómo se hubiera comportado en años anteriores, así como podremos evaluar si está en consonancia a nuestros objetivos y perfil definido.

Además, en esta fase de control, deberíamos establecer el riesgo máximo de las posibles pérdidas que estamos dispuestos afrontar en nuestra posible futura operativa de inversión.

- *Fase de operaciones*: ha llegado el momento de poner a prueba, y ver la efectividad real, de todo el trabajo desarrollado en las fases anteriores.

En esta fase, una vez que hemos comprobado que la estrategia elegida se adapta a nuestro perfil, implementaremos la estrategia directamente en XRP.

Cabe indicar que, si es tu primer contacto con XRP, no es necesario ni conveniente invertir dinero real en ellas, y deberíamos, previamente, hacer tantas pruebas como sean necesarias con simuladores o plataformas demo, hasta que tengamos total y plena confianza con nosotros mismos, de manera que podamos, realmente, controlar la operatividad y efectividad de las futuras inversiones.

Estas simulaciones, que se proponen realizar previamente, se aproximan mucho a la realidad, con la ventaja de que si estamos empezando a aprender a operar y en el caso que obtuviéramos pérdidas, sólo estaríamos hablando de pérdidas ficticias (no se está invirtiendo dinero real en ningún momento).

- *Fase de feedback*: en esta última fase, y no menos importante que las anteriores, es conveniente reflexionar sobre las operativas realizadas en la fase de operaciones.

Tanto si en la operación hemos obtenido beneficios, como si hemos obtenido pérdidas, es muy importante tomar nota de todos los datos sobre el motivo o motivos por los que ha funcionado la estrategia, para identificar con claridad posibles operaciones futuras de éxito; o por el contrario, tomar nota de aquellos datos que identifiquen el motivo o motivos por los que no ha funcionado la estrategia implementada.

Además, en caso de que no haya funcionado

la estrategia, hay que corregir todas las posibles deficiencias detectadas, valorando todas las diferentes alternativas permitidas. De este modo, estaremos intentando conseguir que esa estrategia fallida hubiera funcionado correctamente y, por consiguiente, en caso de que identifiquemos una operación futura que reúna similares características, podremos actuar de forma exitosa en la operativa.

5. ¿SABÍAS QUE PODEMOS INVERTIR Y OBTENER BENEFICIOS TANTO CUANDO XRP SUBE COMO CUANDO BAJA?

En este capítulo vamos a poner de manifiesto unos conceptos que, para algunas personas seguramente sean nuevos y, aunque podrían resultar algo difíciles de comprender al principio, representan una gran oportunidad de inversión donde se nos está ofreciendo la posibilidad de obtener beneficios en nuestras inversiones cuando el precio de XRP comience a girarse a la baja.

Primeramente, con objeto de entender un poco la mecánica de las operaciones con XRP, realizaremos un pequeño inciso antes de continuar.

Para ello, nos vamos a centrar en ampliar, escuetamente, parte de la terminología que nos será de gran ayuda para comprender las explicaciones y casos prácticos que se expondrán más adelante.

De esta forma, cuando hablamos de realizar operaciones o tomar posiciones "largas" y posiciones "cortas", cabe indicar que no se refiere a invertir a largo plazo y a corto plazo, sino que se utiliza el término "largo" para tomar posiciones alcistas, es decir, pensamos que el precio actual de XRP va a incrementarse en el futuro y, por el contrario, utilizamos el término "corto" para realizar posiciones bajistas, es decir, pensamos que el precio actual de XRP va a disminuir en el futuro.

En consecuencia, por lo anteriormente expuesto, se utilizan indistintamente la terminología de:

- "comprar", "call", "buy", "ask", "largo" o "long": para realizar operaciones cuando esperamos que el precio de XRP va a subir respecto al precio actual.

- "vender", "put", "sell", "bid", "corto" o "short": para realizar operaciones cuando esperamos que el precio de XRP va a bajar respecto al precio actual.

Por lo general, la manera tradicional de ganar dinero u obtener beneficios, siempre ha consistido en comprar XRP a un precio bajo para, posteriormente, venderlo a un precio mayor al de adquisición.

En este caso, la diferencia entre el precio de venta menos el precio de compra, nos está indicando el beneficio que hemos obtenido, es decir, por ejemplo, comprábamos 100 criptomonedas que llamaremos W a 7,00 euros por cada criptomoneda y, posteriormente, vendíamos las 100 criptomonedas a 7,80 euros por cada criptomoneda.

El beneficio obtenido se obtenía por la diferencia entre el precio de venta y el precio de compra, y se resumiría de la siguiente forma:

$$(100 \text{ cript.} \times 7,80€/\text{cript.}) - (100 \text{ cript.} \times 7,00€/\text{cript.}) = 80€$$

El resultado obtenido en este caso sería una ganancia de 80 euros, y la operativa realizada ha sido COMPRAR para luego VENDER.

Hasta este momento, todo es normal, pues

obtendríamos una ganancia cuando nuestras criptomonedas incrementan su precio respecto al precio que habíamos comprado inicialmente.

Ahora bien, cabe indicar que existen productos con ciertas particulares en el mercado, como podrían ser los CFD (o también denominados contratos por diferencias) que, además de invertir en posiciones "largas", nos posibilitan invertir en sentido inverso al tradicional, es decir, en posiciones "cortas" y, por consiguiente, cuando el precio de XRP baja, estaríamos ganando en nuestra operativa y, por el contrario, cuando el precio de XRP sube, estaríamos perdiendo.

A consecuencia de lo mencionado anteriormente, con este tipo de productos, aunque en un principio pueda resultarnos extraña la terminología, la operativa a realizar sería VENDER para luego COMPRAR.

En este sentido, si consideramos que XRP va a bajar de precio en el futuro respecto al precio actual, la operativa a realizar con los CFD sería "vender" XRP al precio actual para, posteriormente, "comprar" a un precio menor, donde la diferencia entre el precio de "compra" menos el precio de "venta", nos indicará el beneficio obtenido, es decir, por ejemplo, si el precio actual, de una de las criptomonedas que llamaremos S, es 6,00 euros y queremos invertir la cantidad de

600 euros porque pensamos que van a bajar en un futuro, operativamente, tendríamos que "vender" 100 criptomonedas (600 euros que deseamos invertir / 6 euros por criptomoneda = 100 criptomonedas) y, posteriormente, "comprar" las 100 criptomonedas cuando bajara a 5,10 euros por cada criptomoneda.

El beneficio conseguido se obtendría restando al precio de "venta" el precio de "compra", de la siguiente forma:

(100 cript. x 6€/cript.)-(100 cript. x 5,10 €/cript.)= 90€

De esta forma, el resultado obtenido en este caso sería una ganancia de 90 euros.

En la misma línea, cabe indicar y resaltar que, en este tipo de productos (CFD), debemos extremar las precauciones, siendo muy conscientes de que es conveniente realizar un seguimiento constante de la inversión porque, generalmente, se trata de productos que implican apalancamiento del capital que invertimos, es decir, que con muy poco capital invertido, se pueden maximizar a gran escala los beneficios, y viceversa, se pueden maximizar a una escala descomunal las pérdidas sufridas por los inversores menos experimentados.

Por lo tanto, se podría perder inclusive, en casos concretos de algunos de estos productos, más del capital inicial invertido y, si estamos considerando invertir en estos productos con dinero real, se considerarían productos de inversión de ALTO RIESGO EXTREMO.

De hecho, por ejemplo, hay brókeres (o intermediarios) de CFD que nos pueden ofrecer un grado de apalancamiento 100:1. Significando esto que, por cada 1 euro que invertimos, con el efecto apalancamiento, es como si estuviéramos invirtiendo 100 euros. Esto nos indica que, una pequeña variación de los precios de las criptomonedas, nos pueden estar suponiendo unas ganancias o pérdidas elevadísimas. Por ejemplo, si decido invertir 100€, con el efecto apalancamiento de 100:1 supondría que estamos operando con una inversión real de 10.000€.

Como podemos observar, actualmente se nos está facilitando la opción de operar y poder ganar, si elegimos una estrategia adecuada, tanto cuando el precio de nuestras criptomonedas está subiendo como cuando el precio de nuestras criptomonedas está bajando.

06. LAS ESTRATEGIAS

Como indicamos al principio de esta guía, actualmente se están impartiendo muchos cursos de formación en XRP que tienen un precio muy elevado y que no permite que cualquier inversor pueda tener acceso a ellos.

Después de muchísimo tiempo de investigación y seguimiento de la evolución de XRP, a partir de ahora, y sin tener que volver a pagar grandes sumas de dinero por más cursos de formación para invertir en XRP, tendremos en nuestras manos la oportunidad de adquirir los conocimientos necesarios para intentar conseguir unos excelentes resultados y conocer los momentos más apropiados en los que resultaría interesante realizar nuestra futura inversión en XRP.

Todo esto se conseguirá poniendo en práctica las estrategias más potentes basadas en el indicador técnico denominado Ichimoku Cloud* que vamos a detallar a continuación.

El indicador Ichimoku Cloud se encuentra disponible totalmente GRATIS en casi todas las plataformas de análisis técnico.

A través del indicador Ichimoku Cloud (en español llamado Nube Ichimoku) se pueden establecer ciertas estrategias muy eficientes para operar en XRP.

De modo resumido, el indicador Ichimoku Cloud es la herramienta perfecta para operar con XRP, y nos va a proporcionar una lectura rápida en la que nos mostrará las posibles operaciones a realizar, indicando las señales de compra y venta.

En las estrategias que vamos a plantear en esta guía con el indicador Ichimoku Cloud, vamos a trabajar y analizar los movimientos del precio utilizando gráficos de velas japonesas (ver gráfico 6.1)

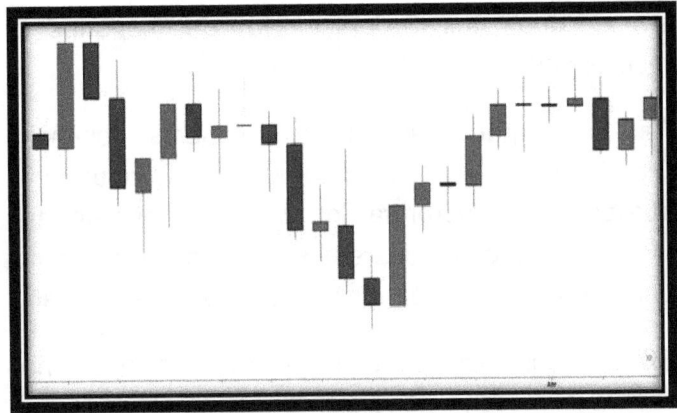

Gráfico 6.1 Velas japonesas

El indicador Ichimoku Cloud es un sistema de seguimientos de tendencias, siendo un indicador similar a las medias móviles (ver gráfico 6.2).

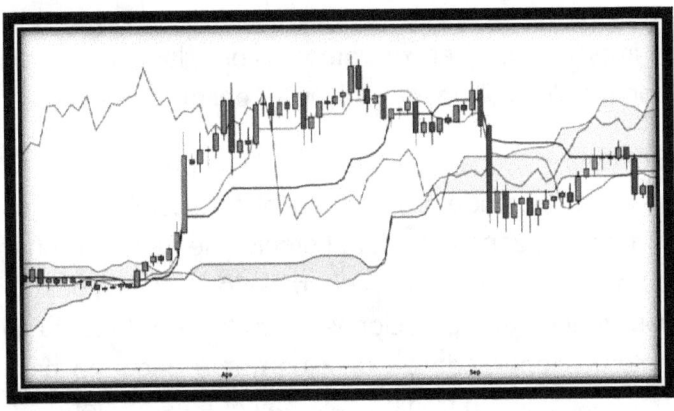

Gráfico 6.2 Velas japonesas con Ichimoku Cloud

La gran ventaja de este indicador es el hecho de que

ofrece una única perspectiva de soportes y resistencias.

Para una gran mayoría de inversores, Ichimoku Cloud puede parecer algo complicado pero, una vez que sabemos interpretar los datos que nos aportan los gráficos, comprobaremos que nos proporciona una enorme cantidad de señales para poder operar.

En consecuencia, el uso de este indicador, nos servirá como una herramienta más analítica y más precisa para nuestras posibles operaciones en XRP.

A continuación, vamos a ir desgranando cada uno de los elementos que componen el indicador Ichimoku Cloud y veremos de forma muy simple su funcionamiento.

Primero, nos encontramos con la "línea de conversión" o "conversion line" (Tenkan Sen).

Se trata de una media móvil de 9 periodos y nos muestra la tendencia a corto plazo. Esta línea nos marca una zona cercana al precio que va a funcionar como soporte (en operaciones en largo) o resistencia (en operaciones en corto). Por lo tanto, si estamos operando en un time-frame pequeño para hacer scalping o trading day, hay que estar atentos a los cruces de los movimientos del precio respecto a la línea de conversión (ver gráfico 6.3).

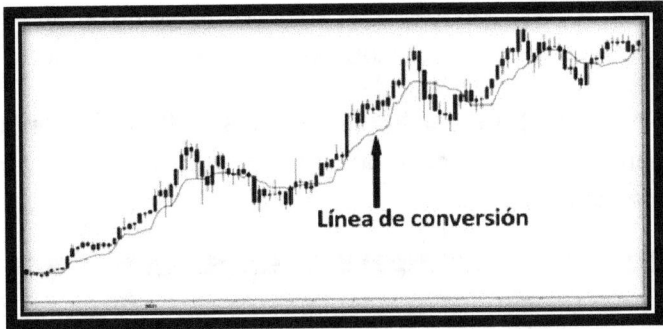

Gráfico 6.3 Ichimoku Cloud con línea de conversión

Segundo, tenemos la "línea base", "base line" o "línea de referencia" (Kijun Sen), también conocida como la línea de confirmación.

Esta línea se trata de una media móvil de 26 sesiones y también nos mostrará señales de soportes y resistencias debido a que nos mide la tendencia a medio plazo. Algunos inversores utilizan esta línea para marcar los niveles de stop dinámicos o trailing stop (ver gráfico 6.4).

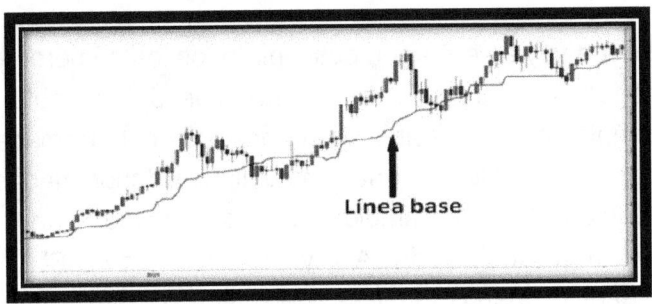

Gráfico 6.4 Ichimoku Cloud con línea base

En tercer lugar tenemos la "línea "lagging span" o "línea de retraso" (Chikou Span).

Se utiliza para confirmar señales y también sirve para mostrar niveles de soporte y resistencia (ver gráfico 6.5).

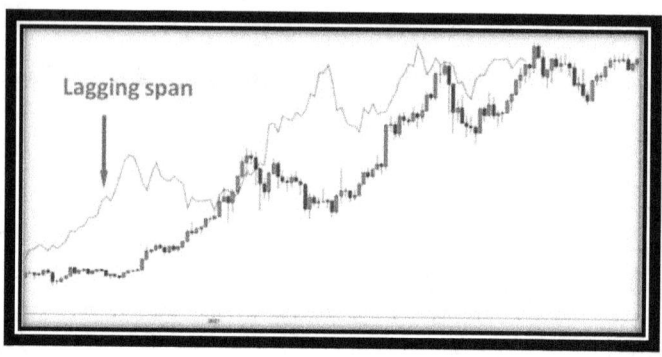

Gráfico 6.5 Ichimoku Cloud con lagging span

En cuarto lugar tenemos, lo que se puede considerar la herramienta más importante de este indicador Ichimoku Cloud y es lo que se denomina la "nube Kumo" o la "Kumo Cloud".

No me voy a centrar en describir todos los números y periodos sobre los que está basada la nube. Simplemente necesitamos conocer que está formada por la zona situada entre las 2 líneas denominadas "Senkou Span A" (también llamada "Leading Span A" o "línea adelantada A") y "Senkou Span B" (o "Leading Span B" o "línea adelantada B") que actúan como niveles dinámicos adelantados de soporte y resistencia (ver gráfico 6.6 y 6.7).

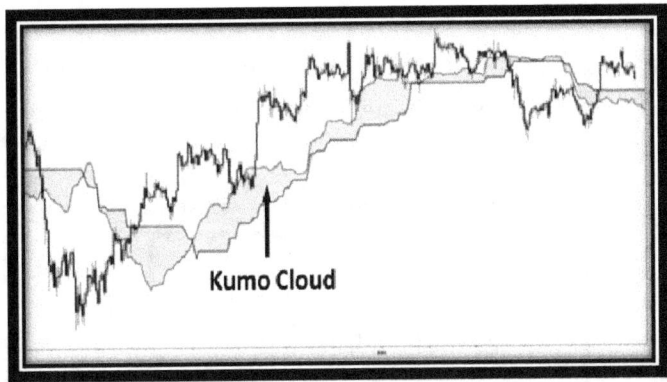

Gráfico 6.6 Ichimoku Cloud con Kumo Cloud

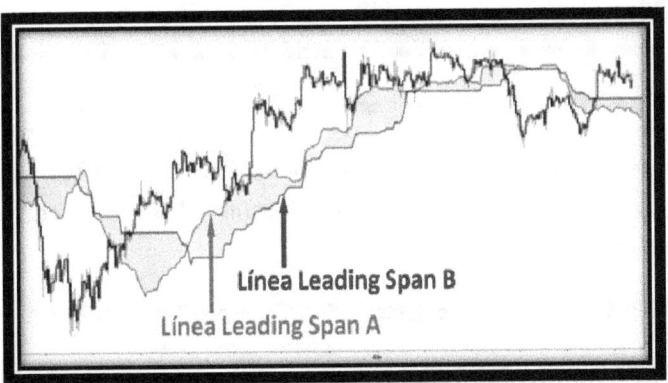

Gráfico 6.7 Línea Leading Span A y Span B

Ahora que ya conocemos los principales componentes del indicador Ichimoku Cloud, vamos a ver cómo debemos leer este indicador.

Como hemos señalado anteriormente, la línea de

conversión mide los movimientos del precio en el corto plazo.

Si el precio de XRP está por encima del la línea de conversión, nos está sugiriendo un impulso alcista a corto plazo (ver gráfico 6.8).

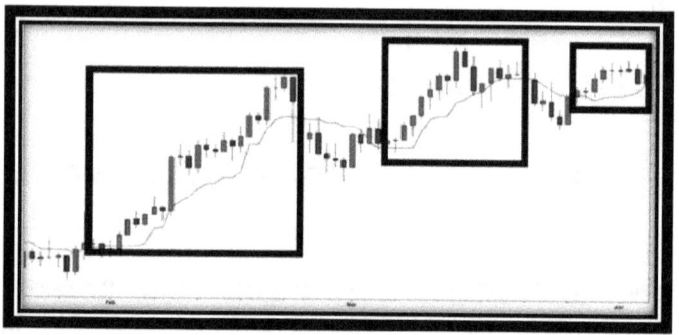

Gráfico 6.8 Precio por encima de la línea de conversión

Si el precio de XRP está por debajo del la línea de conversión, nos sugiere un impulso bajista a corto plazo (ver gráfico 6.9).

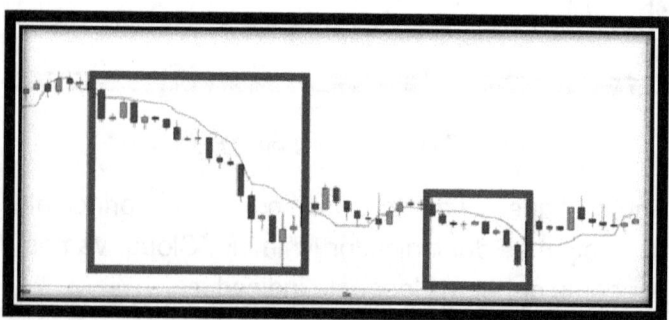

Gráfico 6.9 Precio por debajo de la línea de conversión

Por otro lado, como hemos visto anteriormente, la línea base representa el movimiento del precio a medio plazo.

Si el precio de XRP está por encima de la línea base, esto nos está sugiriendo la existencia de un impulso alcista a medio plazo (ver gráfico 6.10).

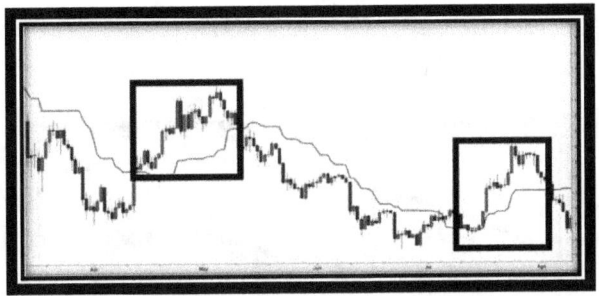

Gráfico 6.10 Precio por encima de la línea base

Si el precio de XRP está por debajo de la línea base, esto nos sugiere un impulso bajista a medio plazo (ver gráfico 6.11).

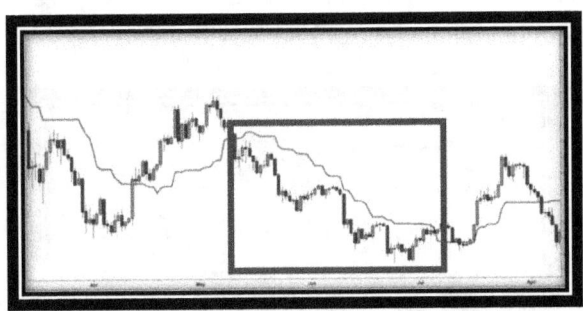

Gráfico 6.11 Precio por debajo de la línea base

A continuación nos centraremos en la línea lagging span.

Esta línea nos va a mostrar la evolución actual del precio en relación con la evolución del precio pasado.

Cuando la línea lagging span está por encima del precio actual de XRP, nos sugiere una tendencia alcista (Ver gráfico 6.6).

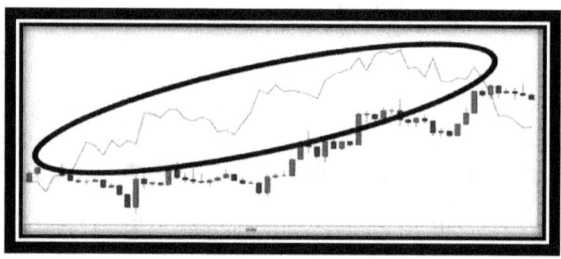

Gráfico 6.6 Lagging span por encima del precio

Cuando la línea lagging span está por debajo del precio actual de XRP, esto nos sugiere una tendencia bajista (ver gráfico 6.13).

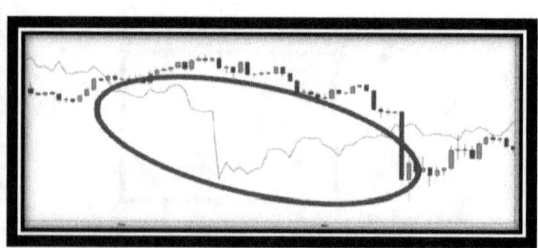

Gráfico 6.13 Lagging span por debajo del precio

Cuando la línea lagging span está cerca del precio actual de XRP, esto nos sugiere una tendencia lateral o de rango (ver gráfico 6.14).

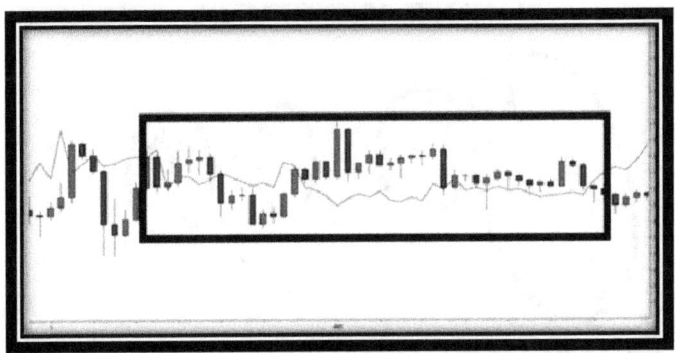

Gráfico 6.14 Lagging span cerca del precio

Finalmente, la "nube Kumo" o "Kumo Cloud", dibujada como una nube, indica soportes y resistencias dinámicos basados en el movimiento del precio de XRP (ver gráfico 6.15).

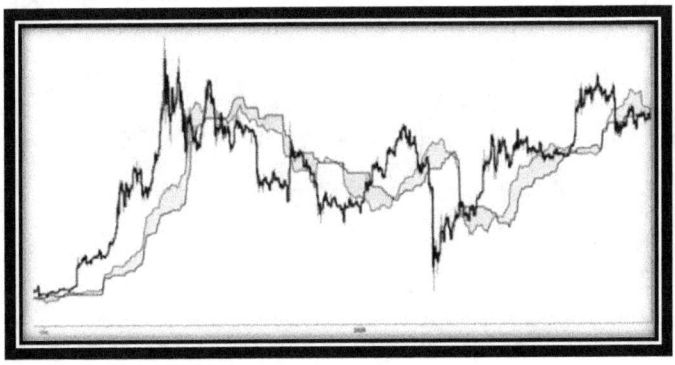

Gráfico 6.15 Kumo Cloud

Cuanto más tiempo el precio de XRP permanezca por encima o debajo de la "nube Kumo", más fuerte es la tendencia (ver gráfico 6.16).

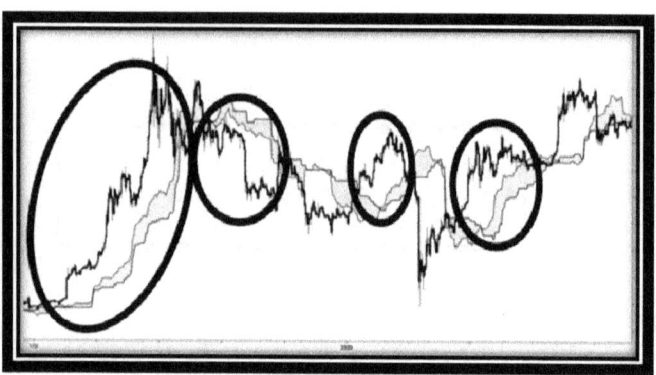

Gráfico 6.16 Precio por encima/debajo Kumo Cloud

Cuando la nube es amplia, la previsión del soporte/resistencia señalada es fuerte (ver gráfico 6.17).

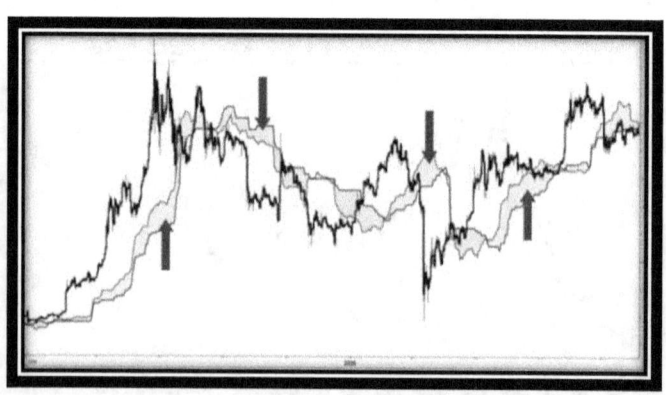

Gráfico 6.17 Zonas Kumo Cloud amplias

En caso contrario, cuando la nube es delgada, la previsión del soporte/resistencia señalada es débil (ver gráfico 6.18).

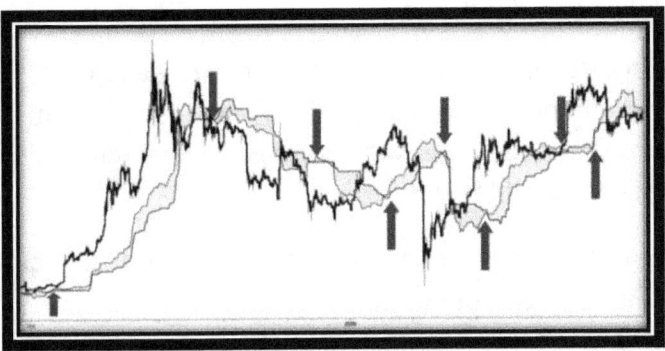

Gráfico 6.18 Zonas Kumo Cloud delgadas

Una regla muy importante es que nunca deberemos operar cuando los precios están dentro de la nube (ver gráfico 6.19).

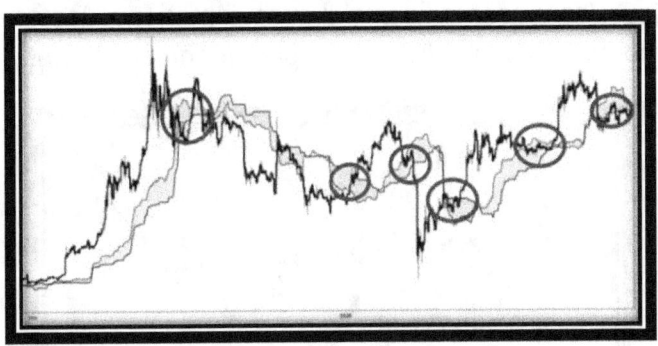

Gráfico 6.19 Zonas de precios dentro de Kumo Cloud

En función de lo que hemos aprendido hasta ahora,

a continuación, nos vamos a plantear una serie de diferentes estrategias donde procederemos a destacar cómo deberíamos operar con el indicador Ichimoku Cloud.

Para ello, vamos a exponer la estrategia e implementarla directamente. De este modo, seremos capaces de observar finalmente los diferentes resultados obtenidos.

Estrategia 1: **Basada en el cruce de la línea base y la línea de conversión.**

El cruce entre la línea base y línea de conversión nos puede ofrecer muchas oportunidades para operar y obtener resultados óptimos.

Cuando la "línea de conversión" (que es una media móvil rápida) cruce por encima de la "línea base" (que es una media móvil más lenta), nos estaría mostrando una señal de compra (ver gráfico 6.20).

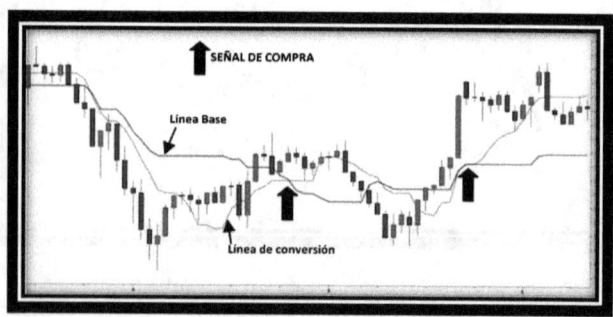

Gráfico 6.20 Cruce de línea base y línea de conversión (Compra)

Observando el gráfico 6.20, estamos identificando con una flecha el momento donde se produce el cruce de la línea de conversión por encima de la línea base en XRP.

Este cruce, nos indicaría la señal de compra u operación en largo.

Por contra, cuando la línea de conversión cruce por debajo de la línea base, nos estaría mostrando una señal de venta u operación en corto (ver gráfico 6.21).

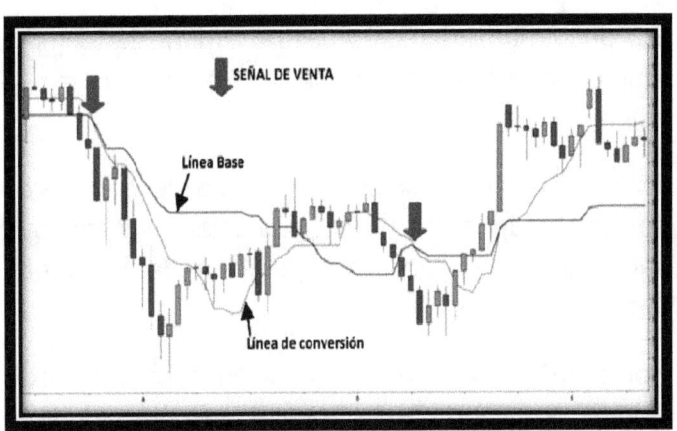

Gráfico 6.21 Cruce de línea base y línea de conversión (Venta)

Aplicando esta Estrategia 1 en nuestro ejemplo (ver gráfico 6.22) procederíamos a realizar la orden de compra, identificada con un círculo, en la vela siguiente en la que se produce el cruce de la línea de conversión y la línea base.

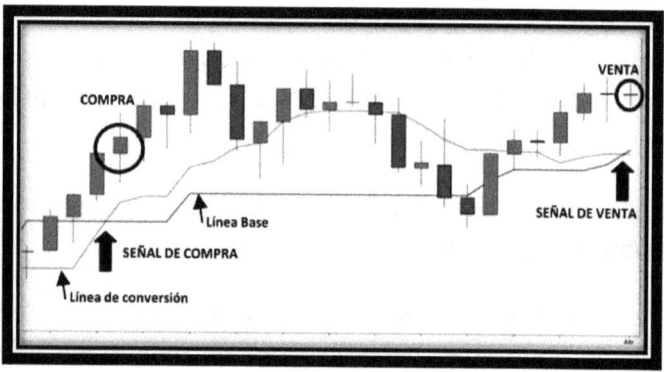

Gráfico 6.22 Operación de largo (cruce de línea base y línea de conversión)

Es decir, lanzaríamos nuestra orden de compra (operación de largo) en la siguiente vela de la cotización de XRP.

Posteriormente, el cruce de la línea de conversión por debajo de la línea base, nos estaría indicando la señal de venta sobre la operación de largo que teníamos abierta.

Por tanto, cerraríamos la operación vendiendo XRP. Como resultado, esta operación nos hubiese generado un gran beneficio.

Estrategia 2: **Basada en el cruce de la línea base y la línea de conversión, utilizando la "línea lagging span" como filtro.**

Con objeto de asegurar las operaciones, podemos filtrar las señales de compra/venta anteriores utilizando la línea lagging span.

De este modo, sólo operaríamos cuando vamos con la tendencia general, es decir, si la línea de conversión cruza sobre la línea base y solamente en el caso de que la línea lagging span nos indique que existe tendencia alcista (la línea lagging span se encuentra situada por encima del precio), activaríamos la señal de compra (ver gráfico 6.23a).

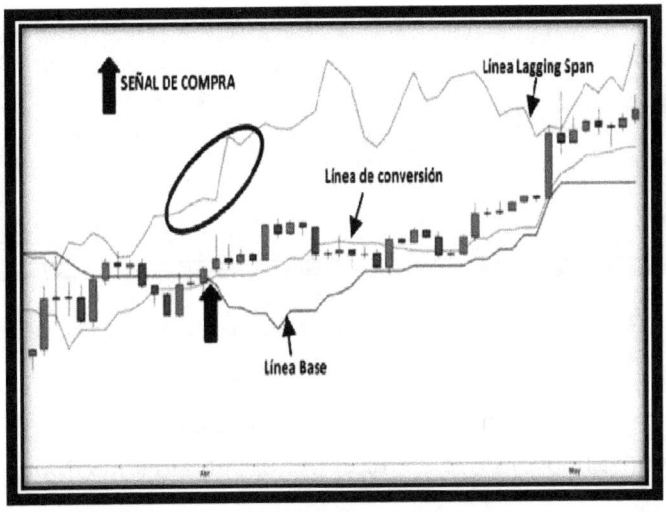

Gráfico 6.23a Cruce de línea base/conversión y línea lagging span (Compra)

Cerraríamos la operación de largo cuando la línea de conversión cruza por debajo la línea base.

Por el contrario, si la línea de conversión cruza por debajo de la línea base, únicamente en el caso de que la línea lagging span nos indique que existe tendencia bajista (la línea lagging span estaría situada por debajo del precio), activaríamos la señal de venta para operar en corto (ver gráfico 6.23b).

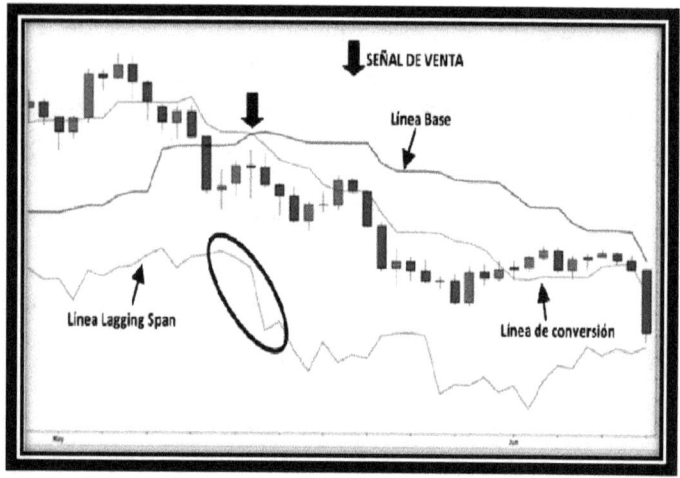

Gráfico 6.23b Cruce de línea base/conversión y línea lagging span (Venta)

Cerraríamos la operación de corto cuando la línea de conversión vuelva a cruzar por encima la línea base.

Aplicando esta Estrategia 2 en nuestro ejemplo sobre XRP (ver gráfico 6.24), de forma algo similar a como hicimos en la Estrategia 1, esperamos el momento en donde se produce el cruce de la línea de conversión por encima de la línea base.

Posteriormente, nos detenemos a observar en qué situación se encuentra la línea lagging span.

Podemos identificar que se encuentra por encima del precio y, por lo tanto, procederíamos a realizar la orden de compra (advirtiendo que, si la línea lagging span se hubiese encontrado por debajo del precio, no se hubiera procedido a realizar la orden de compra).

Es decir, lanzaríamos nuestra orden de compra (operación de largo) en la siguiente vela de la cotización de XRP.

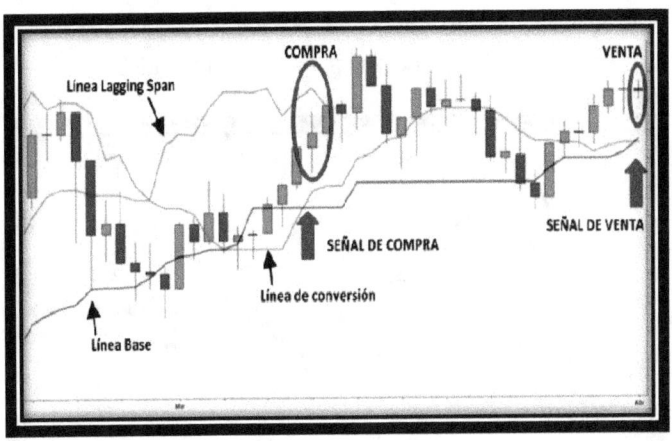

Gráfico 6.24 Operación de largo cruce de línea base/conversión y lagging span

A continuación, el cruce de la línea de conversión por debajo de la línea base, nos estaría indicando la señal de venta sobre la operación de largo que teníamos abierta. Por tanto, unas velas después cerraríamos la operación vendiendo XRP. Como resultado, esta operación nos hubiese generado de nuevo un gran beneficio.

Estrategia 3: **Basada en el cruce de la línea base y la línea de conversión, utilizando la "nube Kumo" como filtro.**

Con objeto de asegurar y confirmar las operaciones, podemos filtrar las señales de compra/venta anteriores utilizando la Kumo Cloud.

De este modo, cuando la línea de conversión cruza por encima la línea base y además estas líneas se encuentran por encima de la nube Kumo, tenemos una señal fuerte de compra (ver gráfico 6.25).

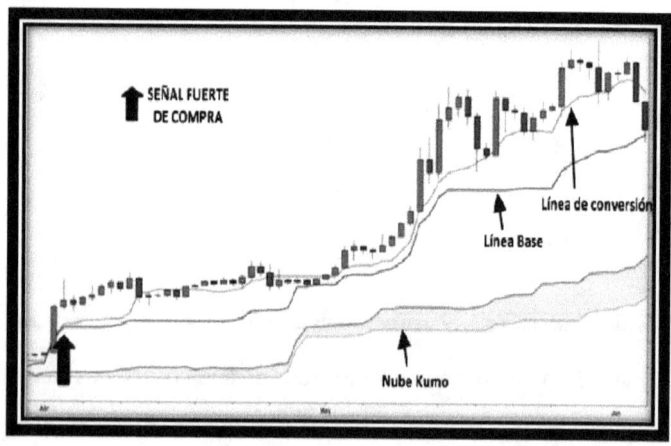

Gráfico 6.25 Cruce línea base/conversión y nube Kumo (Señal fuerte de compra)

Así mismo, cuando la línea de conversión cruza por encima la línea base y además estas líneas se encuentran por debajo de la nube Kumo, tenemos una señal débil de compra (ver gráfico 6.26).

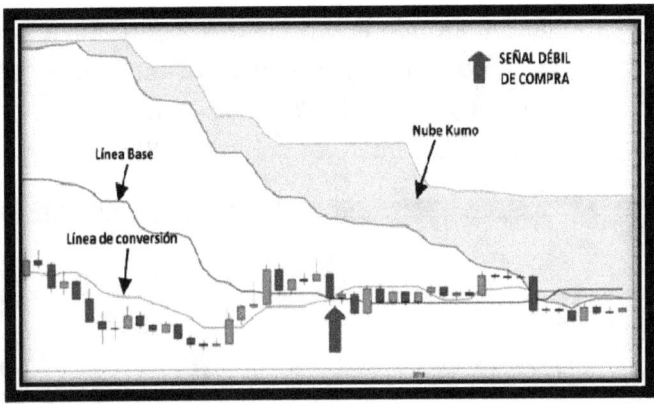

Gráfico 6.26 Cruce línea base/conversión y nube Kumo (Señal débil de compra)

Por otro lado, cuando la "línea de conversión" cruza por debajo la "línea base" y además estas líneas se encuentran por debajo de la nube Kumo, tenemos una señal fuerte de venta (ver gráfico 6.27).

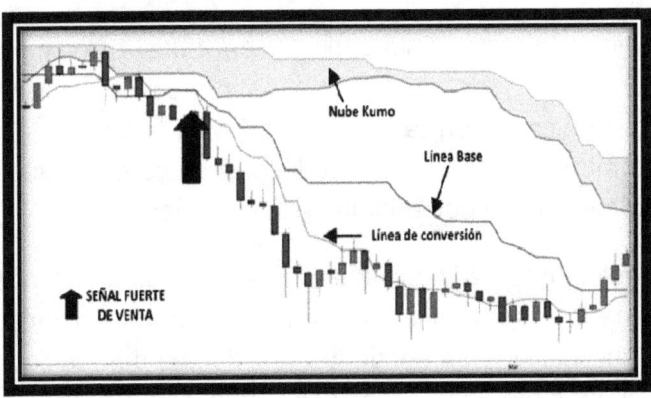

Gráfico 6.27 Cruce línea base/conversión y nube Kumo (Señal fuerte de venta)

Finalmente, cuando la línea de conversión cruza por debajo la línea base y además estas líneas se encuentran por encima de la nube Kumo, tenemos una señal débil de venta (ver gráfico 6.28).

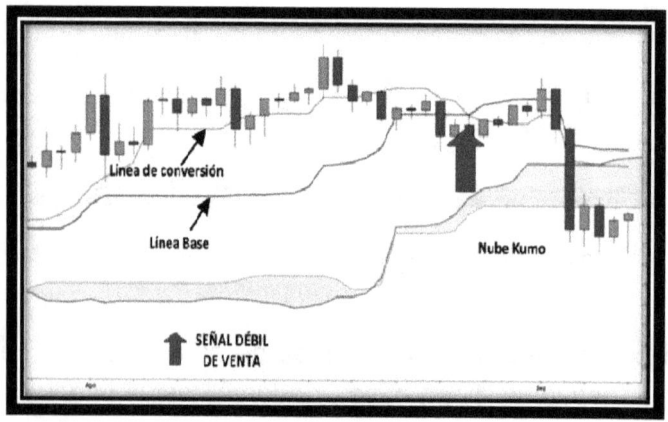

Gráfico 6.28 Cruce línea base/conversión y nube Kumo (Señal débil de venta)

Aplicando esta Estrategia 3 en nuestro ejemplo sobre XRP (ver gráfico 6.29), de forma algo similar a como hicimos en la Estrategia 1 y 2, esperamos al momento en el que se produce el cruce de la línea de conversión por encima de la línea base.

Posteriormente, nos detenemos a observar en qué situación se encuentra la nube Kumo. Podemos identificar que se encuentra por debajo del precio y, por lo tanto, esto nos indica una señal fuerte de compra. A continuación procederíamos a realizar la orden de compra.

Es decir, lanzaríamos nuestra orden de compra (operación de largo) en la siguiente vela de la cotización de XRP.

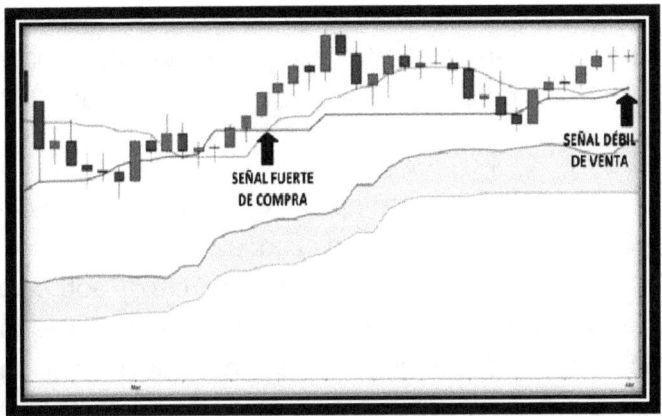

Gráfico 6.29 Operación de largo cruce línea base/conversión y nube Kumo

Seguidamente, el cruce de la línea de conversión comienza a dar una señal de cruce por debajo de la línea base, por lo que nos estaría indicando la señal de venta sobre la operación de largo que teníamos abierta.

Cabe añadir que, al producirse el cruce por encima de la nube Kumo, se trataría una señal débil de venta, por lo que podríamos considerar seguir manteniendo abierta la operación. Esta decisión de mantener la operativa abierta o cerrada, dependerá de la situación personal de cada inversor, según el riesgo que esté dispuesto a asumir.

Estrategia 4: Basada en el cruce de la línea base y la línea de conversión, utilizando una "media móvil" como filtro.

Con objeto de asegurar las operaciones, podemos filtrar las señales de compra/venta anteriores utilizando, para ello, una "media móvil" de 200 periodos.

De este modo, para operaciones en largo, sólo operaríamos cuando vamos con la tendencia alcista, es decir, si la línea de conversión cruza sobre la línea base y solamente en el caso de que la media móvil nos indique que existe tendencia alcista (la media móvil se encuentra situada por debajo del precio), activaríamos la señal de compra (ver gráfico 6.30a).

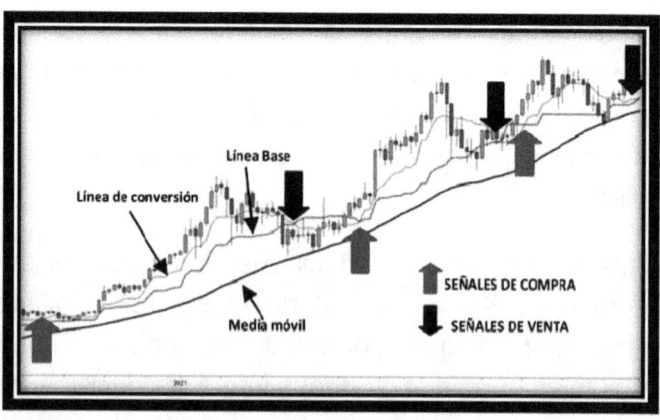

Gráfico 6.30a Cruce de línea base/conversión y media móvil
(Largo)

Cerraríamos la operación de largo cuando la línea de conversión cruza por debajo la línea base.

Por el contrario, sólo operaríamos en corto, si la línea de conversión cruza por debajo de la línea base y únicamente en el caso de que la media móvil nos indique que existe tendencia bajista (la media móvil estaría situada por encima del precio), activaríamos la señal de venta para operar en corto (ver gráfico 6.30b).

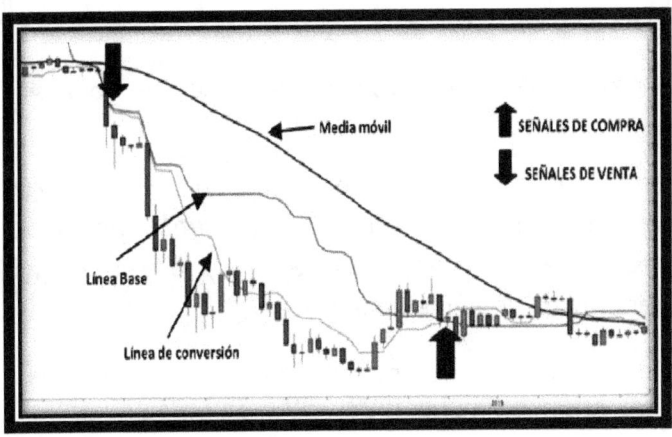

Gráfico 6.30b Cruce de línea base/conversión y media móvil
(Corto)

Cerraríamos la operación de corto cuando la línea de conversión vuelva a cruzar por encima la línea base.

Aplicando esta Estrategia 4 en nuestro ejemplo sobre XRP (ver gráfico 6.31), utilizaremos una media móvil de 200 sesiones.

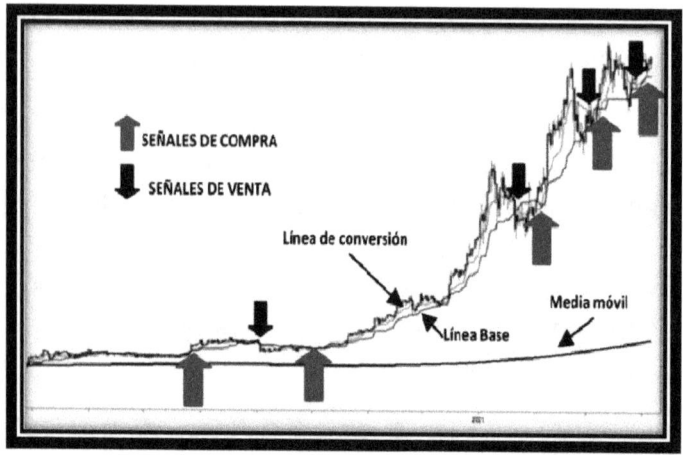

Gráfico 6.31 Operación largo con cruce de línea base/conversión y media móvil

En primer lugar, al trazar la media móvil de 200 sesiones, observaremos que la tendencia actual del XRP es alcista, debido a que el precio está situado por encima de la media móvil.

Por este motivo, en esta estrategia sólo nos vamos a centrar en realizar todas las operaciones en largo, es decir, vamos a tomar posición de compra en nuestra operativa cada vez que la línea de conversión cruza por encima de la línea base. Cerraremos la posición abierta en el momento en el que la línea de conversión cruce por abajo la línea base.

Como resultado de esta estrategia, todas estas señales se han recogido en el gráfico 6.31, donde queda demostrada la efectividad de dicha estrategia.

Estrategia 5: Basada en la rotura de precios en la Kumo Cloud.

Esta señal aparece cuando el precio atraviesa la nube Kumo.

Cuando el precio de XRP atraviesa la nube y supera la parte superior de la nube, tenemos una señal de compra (ver gráfico 6.32).

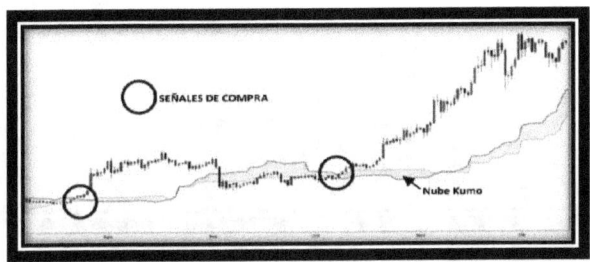

Gráfico 6.32 Cruce precios con nube Kumo (Largo)

Cuando el precio de XRP atraviesa la nube y supera la parte inferior de la nube, tenemos una señal de venta.

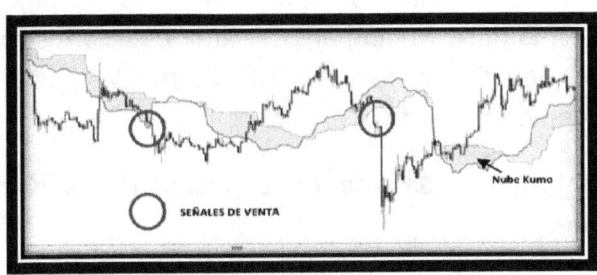

Gráfico 6.33 Cruce precios con nube Kumo (Corto)

Aplicando esta Estrategia 5 en nuestro ejemplo sobre XRP (ver gráfico 6.34), esperamos al momento en el que se produce el cruce de los precios por encima la nube Kumo.

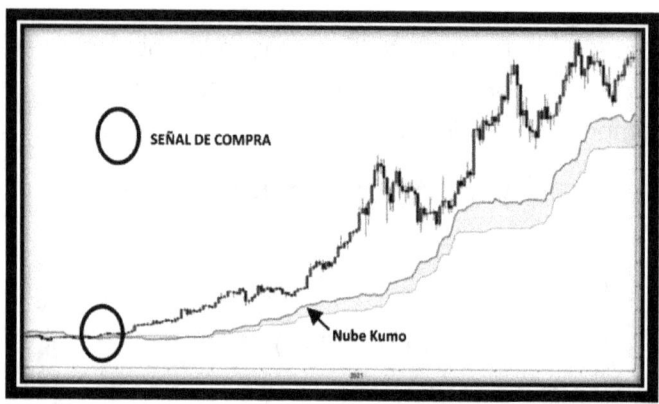

Gráfico 6.34 Cruce precios con nube Kumo (Largo)

Es decir, lanzaríamos nuestra orden de compra (operación de largo) en la siguiente vela de la cotización de XRP.

Y nos mantendríamos esperando a que los precios crucen la nube Kumo para cerrar la posición, siendo muy elevada la rentabilidad alcanzada hasta el momento en nuestro ejemplo.

Estrategia 6: Basada en el cruce de la Kumo Cloud.

Los diferentes cruces entre las líneas "Senkou Span" A y B que forman la nube es otra estrategia utilizada para operar los inversores y funciona de forma similar al cruce de medias móviles.

Cuando la línea Senkou Span A de la nube Kumo cruza por encima de la línea Senkou Span B (normalmente en la gráfica, entre las dos líneas Senkou Span A y B, aparecerá una sombra sombreada en color verde) y el precio de XRP está por encima de la nube Kumo, tenemos una señal fuerte de compra (ver gráfico 6.35).

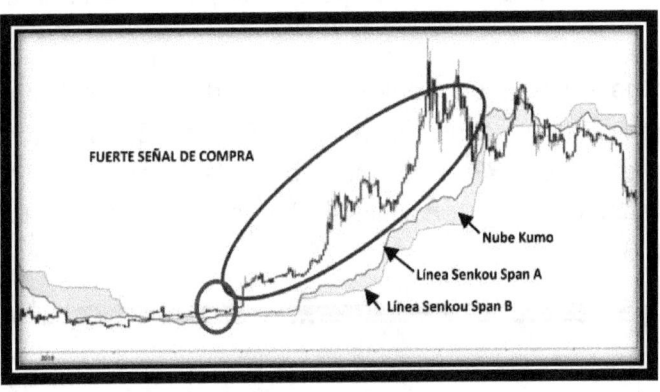

Gráfico 6.35 Cruce Senkou Span A/B con precios (Señal fuerte de compra)

Cuando la línea Senkou Span A de la nube Kumo cruza por debajo de la línea Senkou Span B (normalmente en la gráfica, entre las dos líneas Senkou Span A y B, aparecerá una sombra sombreada en color rojo) y el precio de XRP se sitúa por debajo de la nube Kumo, tenemos una señal fuerte de venta (ver gráfico 6.36).

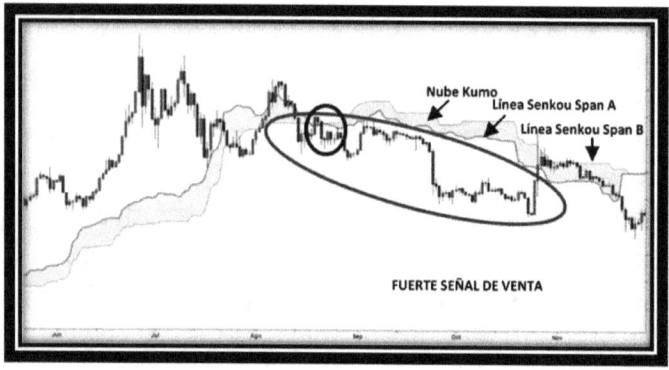

Gráfico 6.36 Cruce Senkou Span A/B con precios (Señal fuerte de venta)

Cuando la línea Senkou Span A de la nube Kumo cruza por encima de la línea Senkou Span B y el precio de XRP está por debajo de la nube Kumo, tenemos una señal débil de compra (ver gráfico 6.37).

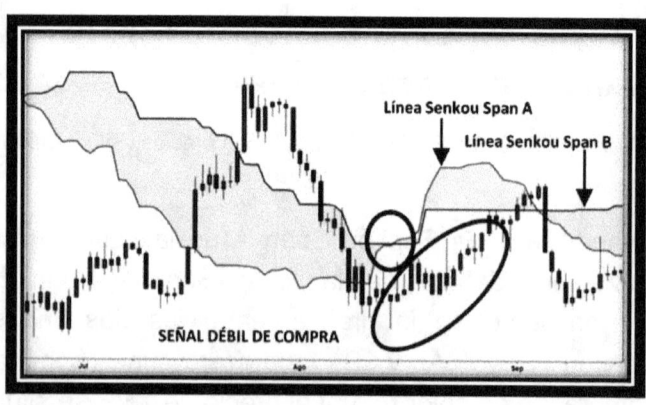

Gráfico 6.37 Cruce Senkou Span A/B con precios (Señal débil de compra)

Cuando la línea Senkou Span A de la nube Kumo cruza por debajo de la línea Senkou Span B y el precio de XRP está por encima de la nube Kumo, tenemos una señal débil de venta (ver gráfico 6.38).

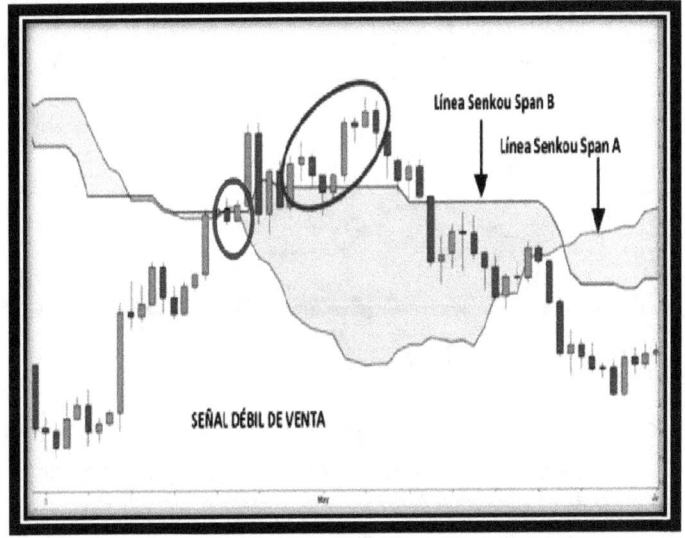

Gráfico 6.38 Cruce Senkou Span A/B con precios (Señal débil de venta)

Aplicando esta Estrategia 6 en nuestro ejemplo sobre XRP (ver gráfico 6.39), esperamos al momento en el que se produce el cruce de los precios por encima la nube Kumo.

En el detalle del gráfico, observamos que la línea Senkou Span A de la nube Kumo cruza por encima de la línea Senkou Span B, por lo que nos está indicando una señal fuerte de compra. Por tanto, lanzaríamos nuestra orden de compra (operación de largo) a primera hora de la cotización del XRP.

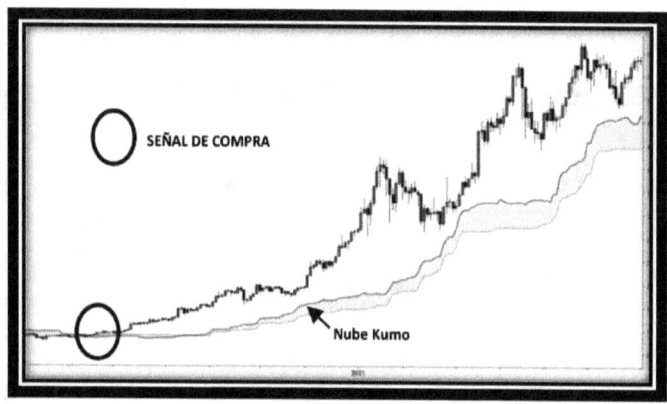

Gráfico 6.39 Cruce precios con nube Kumo (Largo)

Posteriormente, mantenemos la posición esperando a que los precios crucen la nube Kumo para cerrar la posición, siendo muy elevada la rentabilidad alcanzada hasta el momento.

Estrategia 7: **Basada en el cruce de la Kumo Cloud, utilizando la "media móvil" como filtro-**

Esta estrategia consistiría en utilizar la media móvil, como un indicador más para dar consistencia a nuestra operación, dentro de los conceptos aprendidos en la Estrategia 6.

Aplicando esta Estrategia 7 en nuestro ejemplo sobre XRP (ver gráfico 6.40), utilizaremos la media móvil de 200 sesiones.

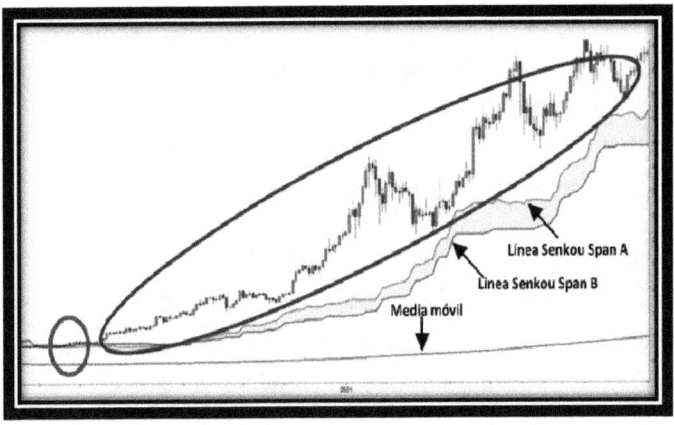

Gráfico 6.40 Operación largo con cruce nube Kumo y media móvil

En primer lugar, al trazar la media móvil de 200 sesiones, observaremos que la tendencia actual del XRP es alcista, debido a que el precio está situado por encima de la media móvil.

Por este motivo, en esta estrategia sólo nos vamos a centrar en realizar todas las operaciones en largo, es decir, vamos a tomar posición de compra en nuestra operativa cada vez que la línea Senkou Span A cruza por arriba la línea Senkou Span B y vamos a cerrar la posición abierta en el momento en que la línea Senkou Span A cruza por debajo la línea Senkou Span B.

En el detalle del gráfico anterior, observamos que la línea Senkou Span A de la nube Kumo cruza por encima de la línea Senkou Span B, por lo que nos está indicando una señal fuerte de compra y, además, los precios se sitúan por encima de la media móvil marcada. Por lo tanto, lanzaríamos nuestra orden de compra (operación de largo) en la siguiente vela de la cotización de XRP.

A continuación, tenemos la opción de esperar a que la línea Senkou Span A cruce por debajo la línea Senkou Span B para cerrar la posición o hasta que los precios crucen la media móvil hacia abajo.

Hasta aquí, se dan por finalizadas las estrategias más efectivas en la forma de utilizar el indicador Ichimoku Cloud, donde las hemos implementado, a modo de ejemplo, directamente en diferentes gráficos.

Cabe advertir que, en las estrategias analizadas, dependiendo si somos inversores (es decir, deseamos realizar operaciones a largo plazo) o especuladores (es decir, deseamos realizar operaciones de intradía, scalping o swing trading) tendremos que utilizar un time-frame diferente, que podría ser el siguiente:

- Inversor: el time-frame adecuado para operar podría ser el mensual, semanal o diario.

- Especulador: el time-frame adecuado para operar podría ser el diario, 4 horas, 1 hora, 30 minutos, 15 minutos, 10 minutos, 5 minutos y 1 minuto.

Una vez aprendidos los conceptos de esta guía y habiendo adquirido cierta destreza en el uso de este gran indicador técnico, cabe añadir que, la utilización de las estrategias presentadas en este capítulo, son una herramienta muy potente con la que, sin lugar a dudas, podremos valorar mejor los posibles movimientos en el precio de XRP.

A partir de este momento, animo al lector a que siga analizando, investigando y descubriendo como las estrategias descritas en este capítulo de esta guía son excelentes para descubrir los momentos más idóneos en los que podríamos invertir en XRP.

7. AGRADECIMIENTOS

Mi especial gratitud hacia todos mis amigos y a todas aquellas otras personas que, en todo momento y lugares del mundo, de alguna u otra manera, me han ayudado, apoyado, acompañado, colaborado y participado directamente en esta guía.

En particular, doy las gracias a mis padres, esposa e hija, porque siempre están cerca en todos aquellos momentos en los que son necesarios y, constantemente, continúan animándome a seguir luchando por cumplir cada uno de los proyectos e ideas que afloran a través de los años, aportando un inmenso valor personal, gracias a su experiencia, bondad y sabiduría que me transmiten cada día.

También quiero dedicar unas líneas de agradecimiento para Pavlo y Natalia por la gran ayuda y enorme aporte que son para nuestra familia.

Y por supuesto, muchas gracias a TI por dedicar tu tiempo a la lectura de esta guía.

Deseando de todo corazón que te haya sido de gran ayuda.

¡¡MUCHAS GRACIAS A TOD@S!!

www.ingramcontent.com/pod-product-compliance
Lightning Source LLC
Chambersburg PA
CBHW050249220526
45465CB00002B/611